윤기영의 일곱 번째 詩集

이안류

이안류

인　쇄 : 초판인쇄 2015년 05월 20일
인　쇄 : 초판발행 2015년 05월 25일
지은이 : 윤기영
펴낸이 : 윤기영
편집장 : 정설연
펴낸곳 : 노트북 출판사
등　록 : 제 305-2012-000048호
본　사 : 동대문구 사가정로 265-4번지 나동 B101호
전　화 : 070-8887-8233 팩시밀리 : 02-844-5756
이메일 : hdpoem55@hanmail.net

2015 & 윤기영 일곱 번째 詩集

정　가 : 10.000원
ISBN : 978-92687-53-9-03810

한국 현대시[韓國現代詩]

811.7-KDC6
895.715-DDC23　　CIP2015010681

목차

이안류 詩集

1부.

이안류·07-39

2부.

감기·41-71

3부.

북소리·73-105

4부.

동행·107-127

시작노트

윤기영의 일곱 번째 시집 '이안류'는 어떤 이미지들로 형상화하고 있을까? 인간은 지상에 한번 왔다 가는 동안 꿈을 다 이루지 못하고 떠난다. 그렇듯 '이안류'는 거친 해류를 몰고 백사장에 도달하지 못하고 돌아간다는 뜻이다. 인간은 거친 해류만큼이나 험난한 우주의 개척자이다. 개척자란 신과 같은 존재다. 시인은 창조자이다. 일곱 번째 시집은 시대적 이미지를 추구하는 개척자이다. 이미지 속에는 시간적 디엔에이가 저장되어 기록처럼 남겨져 있다. 이미지가 디엔에이의 감성 저장 창고라면 학자는 저장된 이미지를 통해 디엔에이를 추출하고 창작물을 만들어내는 공작소이다.

오후 5시 반

당신은 일출을 바라보듯 장엄한 분이셨습니다
내가 사는 노을은 언제나 먹구름에 가려 있었지만
누굴 원망하기보단 당신의 가르침을 거역했기에
고단한 길을 걷고 있는지 모르겠습니다

오전 시간은 뜨겁게 달아올라 태웠죠
나에게 남은 희망은 2시간 정도입니다
인생이 굴곡 따라 흐르는 동안
석양은 오후 5시 반을 가리키고 있습니다

내가 할 수 있는 일은 당신 생각뿐
그날의 감동 하나하나가 인생이 되어
가슴에서 지울 수 없는 장애가 되었습니다
내 마음에 꺼지지 않는 등불이 되었습니다

당신이 남겨놓은 발자취는 고귀한 사랑입니다
그 사랑 때문에 유서를 몇 번 써놓고 버티는 것은
일몰 시간을 버리기엔 안타까운 사람이 있어
지는 시간까지 열심히 살아보려 합니다.

1부. 이안류

가을은 나를 건너다보고 있었다
안락함은 잠시 지나갔고
몸 안에서 터지는 참혹한 시간은
느릿느릿 강으로 흘렀다

- 中 -

이안류·1

가을은 나를 건너다보고 있었다
안락함은 잠시 지나갔고
몸 안에서 터지는 참혹한 시간은
느릿느릿 강으로 흘렀다

사방은 보이지 않았다
연신 입술로 빠져나오는 소리는
원칙을 벗어나고 있었다

겨울로 접어든 칼바람은
면도날을 삼키는 듯 도려냈으며
닿는 곳마다 베이는 느낌이었다

낙엽은 몸에 말을 걸어오고 있었다
비탈 숲 끝나는 지점에서.

이안류·2

하늘은 퍼렇게 열리고 있었다
사랑의 열기로 붉게 물들어 가며
전설을 남기고 있었다

별들이 파랗게 돋아난 하늘 밑에
눈빛이 뿌려진 거리로 전진하며
지상에 왔다간 영혼이
길들여진 거리에서
잠시 움츠리고 있었다

우주의 문이 열리면
안개 낀 새벽 거리처럼
시야가 어둡고 엄습해 있을 땐
하늘에선 별들이 숨바꼭질하는 동안
무슨 일이 일어났는지
꿈이었다.

이안류·3

인생을 저편으로 묻어두었다
마음으로 열린 눈동자는
뒤통수에 감추고 있었다

머릿속에 들어 있는 촉새는
지시하는 데로 가질 않았다
생각에 따라 눈빛은 말을 건네고 있었다

누군가의 마음에 꽂힌 듯
묶어지는 눈빛에 붙들린 채
빈 창문을 바라보며
인생을 써내려 간다

말을 건네지 않아도 들어줄 줄 알고
구석구석 토씨하나 틀리지 않은 이름이
문득문득 앞에서 말을 건네도
받아 적지 못하는 미련들
겨울을 이해한 순간이었다.

이안류·4

구수한 추억은 사라지고
턱의 느슨함을 틈타
어둠이 방안을 잠식하고 있었다

나를 움직이는 빛이 들어왔다
입가에 맴도는 냄새가 창턱에 걸터앉아
하늘에 돋아난 별은 눈으로 뻗어와
간밤의 이야기를 쏟아놓고 간다

시선에 얽힌 거리로 차비도 없이 떠밀어
살갗으로 느끼는 감각이 있는 곳으로 갔다

이 냄새를 맡으면 안부가 그립고
자판기가 필요 없었다
기억은 진동하고 있었다.

이안류·5

감정의 파고가 쓸고 간 한해
강추위로 소음을 뿌리고 갔다

조각난 기억이 어슬렁거렸고
머릿속에는 경련이 따라다녔다

12월을 정리하려면 쓰레기통이 부족했다
지평선 끝엔 불침범이 기다렸고
25일이라는 숫자가 인내하고 있었다

저녁노을은 거르지 않고
머리를 덮어오고 있을 무렵
먹구름에 활자가 말을 걸어왔다
정산 없는 원고지만 써 내려갔다.

이안류·6

관심사는 품절되어 가고 있었다
마음을 아무 곳에 던져버리고
짙게 풍겨오는 겨울 풍경을 그린다

가파른 길은 습관이 되어가고
아랫길은 언덕처럼 높아만 가고 있었다

밀첩한 내음은 눈보라를 피하지 못하고
하얗게 덮어버린 시야에 갇혀
발걸음마저 울화통에 젖어든다

겨울은 익숙한 감촉이었다
느껴만 봐도 황홀한 전율이었다.

이안류·7

산다는 것 애잔한 혓바닥이었다
무수히 꿈꾸며 비상하던 날
몸의 자극에 적절하게 반응하고
일상에 멈춰버리고
인생을 관통하는 목표엔
눈과 머리로 번쩍 빛나고 나면
아연실색하다

살다 보니 인생이 깊어졌다
어느덧 부수적인 삶이 안주가 되어
이름 하나씩 지워지고
세상에 대한 호기심이
번쩍거리던 날들이
통제 불응 상태가 되어
앙상블에 젖어 눈만 깜박거린다.

이안류·8

우체통엔 이야기가 죽었다
기다림의 의미도 사라져 갔고
단어들을 동원한 일류는
달콤한 멘토로 지배해 갔다

가슴을 두드리는 이유가 멈추지 않고
흑백사진이 겹쳐 지나는 시간은 짧았다

번개처럼 소통이 오가는 사이
주머니 속엔 사랑이 가득 담아 있었다
손 마디가 포만감에 민첩해 있었다

마음이 빈 우체통엔 절대적인 지로용지
성탄절은 절박한 소리로
해석이 필요했다.

이안류·9

재걸음보다 빨리 찾아오는 겨울
간절함은 얄팍한 살갗 위로
하얗게 쏟아져 내렸다

열린 눈동자가 세상을 외면하자
추위는 말을 서슴없이 건네오지만
겨울은 겨울답게 알고 있었다

얼어붙은 마음으로 미끄러져 있었다
세포들은 발목으로 몰려와
바람이 얼굴을 들이받자
오싹 전류가 흐른다

도로엔 사출된 차들이
크고 작은 폭발음에 적응하려
노면에 달라붙어
오랫동안 시야에서 벗어나지 못한다.

이안류·10

내 마음을 만추라 부르지 마오
아직은 시들지 않는 가슴이 있으니
살만한 나이요

자존심 하나 치솟았다 떨어지면
좋았던 기억보다 어두웠던 삶이
아침을 맞을 땐
초록빛 창은 기다려 주지 않았다

나뭇가지에 매달린 마음하나
두려워 바들바들 떨며
부활을 꿈꾸며 하강한다

잠에서 깨어나면
사계에 갇혀 재생은 시작되겠지
구속된 정원에서
서쪽으로 지는 별을 바라보고 있다.

이안류·11

잔해들은 등을 때리고 있었다
발끝이 시리다 투정부리면
쌩한 코끝은 감정을 억누르고
가슴은 뜨거움으로 가득찼다

고백 성서를 쓰며
멍한 설원의 환각에
골바람이 무섭게 달려들자
뺨은 준비 없는 잔혹사였다

정상에 오르니 장력보다 기이하다
우주는 정리된 정지 기간이었다
약수 한잔에 가슴을 충족시키니
어제 한말이 기다리고 있었다.

이안류·12

눈보라 정도는 예고되었다
미끄럼 정도는 눈감아 줄만도 했는데
차들로부터 극한 움직임이 시작되자
앵벌이는 물어갈 준비를 끝냈다

근육을 긴장시키는 한파
눈보라는 목을 끌고 집으로 안내했다
손발은 얼어붙어 신경을 곤두세웠다

걸어오는 동안 음산한 기운마저
비수처럼 온몸을 휘감았고
폐허가 되어가는 거리처럼 썰렁했다

눈보라는 위협을 넘어
멍석을 펴놓고 조준하고 있었다.

이안류·13

사랑은 외출 중이다
강추위로 가슴을 반이나 내주고 나니
감성지수 36.5도의 관리가 필요하다

한파로 돈이 더 필요하다
온도를 더 올려야 하고
따뜻한 차도 더 마셔야 하니

살갗은 추위에 예민하다
복수까지 미끄러지는 찬 공기
온몸으로 감정을 밀어 내린다

살갗으로 타고 들어온 추위는
외출 금지다
내 가슴의 보호막이 필요하다.

이안류·14

우린 한동네에서 삶을 연극하고 있었다
이유 있어 달려온 이곳
창만 열면 말을 건네와 뜨겁게 달궜다

달리는 문장 앞에 이끌려온 날들
자아를 증명하려 몸부림쳤던 날들
덮어버린 하얀 겨울은
부끄러운 나머지 공부이다

광케이블 속에는 살아 숨 쉬는 본능
열린 눈동자의 광채가 빛나는 동안
의자에 몸을 맡기고
죄책감에 마음을 피하지 못하고
엎어지고 나서 왼쪽 사랑을 배웠다

눈에서 멀어지지 않는 습관
흔적을 따라 걸음이 바빠진다
내 마음이 이끌리던 날부터.

이안류·15

따뜻한 숨결이 오래 걸리지 않았다
또렷하게 들려오는 친구의 문소리
동심인 듯 사이트 벌판을 달리고 있었다

하늘에 별이 뜨고 지는 동안
깊숙이 묻어둔 세월은
잠시 머릿속에 되살아나
빛이 비쳐드는 창가에서
온몸은 새파란 열기로 치솟았다

강추위를 끌고 나타난 성탄절
창문을 두드리는 소리는 멈출 줄 모르고
새로운 풍경이 낯설지 않았다

칼바람이 불어오는 새벽은
숲처럼 시야가 어두운 틈을 타
눈가가 뜨거워지기 시작했다
온갖 소음이 지나는 동안
말씽 대는 입술을 다독거렸다
아, 크리스마스이다.

이안류·16

인기척도 없이 찾아오는 그리움
저만큼 먼 곳에 있는 줄 알았는데
인색한 겨울 햇살 사이로
꿈조차 없는 긴 터널 달리고 있었다

그립다는 것 좋은 기억으로만 알았다
가끔은 비수처럼 날아와 가슴에 꽂히고 나면
차처럼 달리다 들이박기 전에 멈추면
혼돈을 안고 미끄러져 있었다

눈동자가 정처 없이 허공을 오가는 동안
어둑한 채도는 밤인 것 같은데
또렷한 액자 속 기억에 뒤엉켜
거울 볼 생각을 잃어버렸다

감촉은 꿈의 여운을 걷고 있었다
밤은 나를 버리고 갔다.

이안류·17

내 인생은 어머니이셨습니다
징검다리 같은 말씀 한마디가
경인국도를 달릴 때면 풍성한 과일이
옹기종기 익어가는 계절을 지나
호롱불로 어두웠던 시절이 와있었습니다

나를 버리고 살아야 하는 삶
비가 개울로만 흐르는 줄 알았고
눈이 동네에만 내리는 줄 알았는데
안아줄 바다가 있다는 것을 알았을 땐
눈 내리는 길을 뒤돌아보지 않았습니다

인생은 파도처럼 밀려왔다 밀려가는 삶
밤사이에 숲에서 쓴 사연을 들으며
어느 부둣가에 정박해 있는 배처럼
만선의 꿈은 거센 파도에 부서져 갔고
온몸이 마비되는 느낌을 받았습니다

저 높고 낮은 육교 아래서
시간을 어기지 않고 달리는 열차를 보며
내비게이션에 주소를 입력하고 달렸습니다.

이안류·18

안부가 그리운 달이다
코끝으로 전해오는 쌩한 체험은
초승달 빛에 초연하게 연상되고
달구지 소리는 여전히 치료 상태이다

사랑은 사치스러운 것이다
자판기만 두드리는 적응기
독한 추위는 가슴을 찌르고
떠나지 않는 폭음소리도 현실이었다

치솟는 불길을 달려온 세월
감정도 없는 곁눈질로 눈물겹게 싸워왔다
세상이 무엇인지 다시는 묻고 싶지 않았다

눈앞에 펼쳐지는 응급실 풍경
내 마음의 눈에서 안부가 그리운 날이다.

이안류·19

우린 함께 공유하며 우주를 마신다
삶이 다르기에 생각도 다르다
이곳엔 순환이 필요하다
여행을 다른 곳으로 갈 필요 없다는 것은
바캉스도 있고 19금도 있다
의식주가 변하지 않는 이상
공황장애가 일어나는 것 같다
오지 않으면 안 되는
심리전까지 지배당하고 있었다
지하철이나 버스를 타지 않아도
스마트폰 하나면 공유하는 곳
읽기 문화가 자리 잡아가고 있는 걸까
수없는 영화 속 장면처럼
자극이 시작되어 갔고
쏟아내던 말들은 지나가는 바람이지만
삶의 일부일까 우리의 미래일까.

이안류·20

가을에 남겨놓은 거나한 취기는 어지간하다
새겨진 화인은 곡선으로 심장을 짓누르자
심란한 목소리로 얻어맞은 듯 눈자위 찌르고
창밖의 빛이 왔다 가는 것을 모르고 있었다

긴 하품을 하니 노을은 이만큼 와 있었고
담장사이 시야에는 장애물이 도사리고 있었다

수덕사에서 보내온 안부는 떨어뜨려 놓을 뿐
말을 건네지도 않고 함박눈 속으로 사라졌다

1월이면 어머님의 기일이다
구석구석 흑백필름은 거울처럼 비추고
거칠었던 숨소리가 적어짐을 알았을 땐
머릿속이 하얗게 비는 것을 느꼈다.

이안류·21

우주의 열기는 지구를 녹였다
희망은 잠을 깨우고 일어나라 부른다

경계를 늦추지 않는 눈초리
기분 좋은 세포는 창의력으로 향했고
문밖 등불은 어둡지 않았다

결빙 탓일까
몸은 외부의 자극에 변명이 없었다
혼탁한 냄새는 정적으로 찾아들었고
눈빛만큼이나 냉철했던 한해를 되새기며
불가능은 없다는 것을 깨우치게 되었다

하늘에서 떨어지는 빗물을 팔아
땅에서 솟아나는 샘물을 팔아
목마름이 해결된다면
우리에게 희망이 있는 나라가 아닐까.

이안류·22

이별의 풍경은 만들어졌다
불을 붙여 달라고 말을 건네왔다
난생처음 겪는 것처럼 세상이 생경하다

발달한 뇌세포는 위험한 짓을 일삼는다
치솟는 환각의 광기를 벗어나
머릿속에 쉴 새 없는 어둠으로 내리꽂는다

봄으로 가는 길은 험난한 예고였다
생이별은 한순간 정적의 부류였다
입술을 꾹 물고 담배란 암초에 격리되어
몸도 마음도 흔들리고 있었다

냄새를 찾아 외도했던 달콤한 날들
끔찍한 5일째 여명의 빛은
혀의 감촉으로 가슴을 번뜩이게 했다
내 입술에서 영원히 정리해고 해야만 했다.

이안류·23

쓸쓸한 표정이 나뒹구는 거리
제복을 입고 걷는 외침의 소리였다

바람은 발걸음을 갈랐다
해거름밖엔 지나간 생각들
소용돌이 속으로 끌려 들어가니
강추위라는 물음표가 있었다

우린 환자복을 입고 걸었다
병원은 입을 딱 벌리고 기다렸고
마찰로 발걸음을 밀어내고 있었다

온몸으로 부딪혀오는
바람이 아닌 사랑소리였다
무의식 속으로 빠져들고 있었다
이곳은 금연구역.

이안류·24

인간은 순간순간 충전이 필요하다
감정을 치밀하게 조절하며
마음 변할까 기다리는 눈을 조준하기도 한다

자랑거리 빼놓으면 사치스러운 것들
감정은 수준급들로 채색되어 눈을 채웠다
모순된 이야기로 충동질하기 시작하면
애틋함을 벗어 음산한 기운마저 감돌았다

거짓과 진실이 민감하게 교차하고 있었다
자신을 보상받으려 몸부림치는 몸짓
뼈마디에서 튀어나오는 환호 소리를 즐기며
지난 환상에서 헤어나지 못하고 있었다

사이트의 많은 후유증을 보며
마음이 고갈되어 가고 있다는 느낌을 받았다
타임캡슐 안에 담겨질 배경들
우리가 안고 있는 건전한 이야기가
진정한 삶이 주는 진솔한 이야기였으면 좋겠다.

이안류·25

새벽에 창문 열면 반기는 이 없지만
숲에서 오고 간 말을 읽을 수 있었다
매질해온 찬연한 밤은 빼곡한 숫자에 불과
따뜻한 숨결을 확인하고 싶을 때가 있다

스스로 돛에 갇혀 밤을 버렸고
창가로 쏟아진 아득한 기억 저편
문밖 그리움은 늘 그 자리에 있다

가끔은 가슴을 내려앉게 하는 풍경이
저리게 통과할 때면
구급차가 와있다

가로등 빛 바깥에 늘어선 정지선으로
보험회사 간판은 표시 없이 왔다가고
막아도 가슴 깊은 곳에서 울려 퍼지고
눈을 감아도 떠나지 않는 그리움에
내 몸을 잠시 맡겨본다.

이안류·26

얼어붙은 생각들로
난방이 부족하다는 것을 느꼈다
혹독한 추위에도 얼어붙지 않고
목젖까지 치솟고 나면
가슴에 압박붕대 감아도 뚫고 들어오는
미련한 말은 끝없이 끌고 다닌다

독한 연기로 세상 끝까지 정전되면
눈먼 연민은 서글픈 존재의식
폭탄 같은 이름이 내게 달려와
가슴을 들이받자 컴컴한 눈은
동궁에서 벗어나지 못했다.

이안류·27

눈은 창밖 가까운 곳에 붙박여 있었다
공기층마다 렌즈에 감시당하다 보니
슬픈 세상에 살고 있다는 사실을 알았다

내 마음은 추위도 없이
몸속 어딘가에 적색 엔도르핀을 채우려
몸을 조이고 있던 나사하나 풀어버리고
교양 따위는 고도로 훈련되어 가고 있었다

참회는 뉘앙스로 건네던 말이었다
창을 열 때마다 마주치는 눈으로
마음을 읽는 시간은 오래 걸리지 않았다
우린 위험한 사각지대에 살고 있었다.

이안류·28

인척 없는 마음의 거리에 쏟아진 봄비는
숱하게 지나간 흉터만 남겨졌다

그날 이후 가슴에 남겨진 장애처럼
몸의 기억은 세상과 타협하고 있었다

계절마다 알려오는 바람 편지는
시를 쓰라고 진통제를 들이부었다

안간힘을 썼던 거리를 더듬었고
기억은 말을 걸어와 눈시울 적셨다.

이안류·29

자양분이 있어 이 자리에 서 있었다
많은 자연이 가슴을 채웠고
많은 사물이 마음을 키웠다

그리움은 글을 쓸 원동력이 되었다
많은 사연이 말을 걸어 왔고
많은 눈이 마음을 움직이게 해주었다

남은 건 썩어가는 욕망뿐이었다
까맣게 잊혀가는 우리말 속에
병든 세상을 우쭐하게 바라보았다
양심은 비판적으로만 보이는 것일까.

이안류·30

추위는 겨울에만 오는 줄 알았다
눈꺼풀은 인기척을 좋아했고
바람은 누군가를 기다리고 있었다

위험한 길을 자초하고 있었다
잠시 지상에 왔다 가는 급경사 길을
재미삼아 즐기고 있었다

가슴엔 불꽃이 연쇄적으로 터졌다
열등감은 한 대 얻어맞은 통증보다
진한 뜨거움이었다

어금니 반쯤 물고 살다 힘들면
몸서리 진하게 한번 쳐보지
詩는 곡예사를 좋아하는 모양이다
인간 하나를 인내 나게 쥐어짜고 있었다.

이안류·31

가슴에 천둥소리가 울려 펴졌다
봄이 오는 소리로 가시거리에서
풍경이 돋아나고 있었다

사람들은 수채화를 들고 쏟아져 나왔다
시들어가는 기억을 교환하며
묶어둔 추위를 강으로 흘려보내고 있었다

겨울을 내달라고 아우성쳤다
따뜻함을 가슴에 안고
교통수단이 필요치 않다며 소리를 높였다

바람의 방향이 바뀌면서
낯익은 사물이 오가는 것을 감지하니
입술로 봄기운을 불러들이고 있어
눈을 번쩍 뜨니 봄이다.

이안류·32

사이트는 소나타 같은 곳이다
짜릿한 울림을 주고 기다려주는 마음
그 삶은 고백 성서 같은 곳이다

왔다 가는 인기척은 없어도 동네 같고
담백함을 느끼다 동경이 되고
풍요로운 지혜와 삶의 원동력은
감정을 이기지 못한 채 맹세는 뒷걸음질
영혼에게 자꾸만 선물하는 곳이다

사이트 속에는 생기가 넘쳐났다
자기자랑은 앞 단추를 하나씩 풀어내
가슴 깊이 쌓아둔 마음을 보여주며
조각난 기억을 비틀어 짜고 있었다

어둑한 채도는 비상계단에 서 있는 기분
닫힌 창 앞에 서 있는 묘한 뉘앙스 때문에
생각은 산산이 부서졌는데도 울렁증 뒤엔
노크 소리에 또 문을 열고 있었다.

2부. 감기

부주의로 만들어 내는 사회풍토
교육으로 얻어내는
그 가치가 실현될 때
우린 행복을 누릴 것이다.

감기·1

진통은 이렇게 시작되었다
여섯 살밖에 안 된 이모군
에어바운스에 깔려 사망했다는
보도가 쏟아져 나왔다

사각지대에 놓은 안전 불감증
가슴에 묻고 살아야 하는 가족은
얼마나 충격이 클까

부주의로 만들어 내는 사회풍토
교육으로 얻어내는
그 가치가 실현될 때
우린 행복을 누릴 것이다.

감기·2

담뱃값 인상으로 우울한 세상
인간은 인내를 요구당한다
두뇌를 지배하는 지시에 따라
금단을 만들어 가고 있다
우린 가드라인을 벗어 날 수 있을까
힘들겠지만 끊고 안 피우면 그만이지
선택권을 박탈당한 느낌이다
건강한 나라를 만들자는 생각쯤으로
억지스런 이해를 해보자.

감기·3

2월은 기름 유출 사고와 체육관 붕괴
내란음모 등으로 진통을 겪는다

어민의 울음이 그치기 전에
리조트 붕괴 소식이 들린다
연거푸 터지는 소식들로 혼란스럽다

사건만 터지면 공무원은 강타당한다
혈세를 받아먹는 사람들이라며
국민의 가슴에 총을 겨누고 있다며
지역 발전에 도모하라고 뽑았더니
사건 터지면 돈뭉치는 으레 따라다닌다며

그 자리는 황금알 낳는 자리처럼
둔갑으로 실망감에 분노하게 한다
누구를 위한 이 나라인가.

감기·4

별똥별이 떨어졌다
사람들은 운석을 찾으러
진주, 진해, 거창으로 몰려들었다
다섯 번째 운석 주인공은 이슈가 되었다

하늘에서 로또가 떨어졌다
많은 사람의 행운을 불러일으켰다

로또를 부르며 찾아온 사람들
사회 풍토가 잘못되어가고 있었다

집, 교육비, 통신비, 차량유지비 등으로
버거운 삶, 길거리로 내몰리는 세상이다

누구에게나 꿈과 희망은 있는 것이다
꿈과 희망을 찾아 호소할 뿐이다.

감기·5

전국은 수면에 들어갔다
비바람을 동반한 태풍은 거세기만 하다
가슴을 짓누르는 고통을 호소하며
목놓아 불러보지만 대답은 없었다
세월호 너무나 큰 충격이 몰려왔다

끝까지 희망의 끈을 놓지 않고
기다려 보지만, 넋을 잃고 만다
수면에서 뚝뚝 끊어지는 체험을 느끼며
간절히 불러보지만 들려오는 건
검푸른 파도소리를 닮은 애간장이다

싹둑 잘려나간 세월을 원망하니
숨조차 쉬기 힘든 야속함 때문에
안아 줄 수 없는 세월.

감기·6

군중은 귀가 막혀 소리를 듣지 못한다
선거 때면 놀림당하는 복지정책
어쩌다 슬픈 세상에 살고 있을까

내실보단 내면이 중요한 시기
근본을 무시한 사례만 펼쳐놓고
인륜마저 파괴당해도 복지만 외친다

뿌리가 흔들리면 나무가 자랄 수 없듯
수레바퀴처럼 맴도는 정치의 이치
좀 더 고민하고 성숙하는
정책이 나왔으면 좋겠다.

감기·7

세월호 사건으로 암흑 했던 시간
요양원 화재는 농락하고 있었다
사람들은 뉴스 초점에 멈췄다

국민은 우울증에 시달린 채
심리적 구조를 벗어나지 못하고
갈등에 사로잡혀 방향을 잃었다

편의주의에서 벗어나지 못하고
관심을 저버리고 소외된 사람의 보살핌이
한계에 부딪혔는지도 모른다

시대적 우울증은
쉽게 정리되는 것이 아니기에
소중함을 깨우쳐 본다.

감기·8

월드컵은 우울한 희망이었다
올라가지 못할 나무는
쳐다보지 말라는 속담이 있듯
그 말이 새삼스럽게 다가오고 있었다

선수들은 얼마나 힘이 들었을까
잘 싸웠다 조국을 위해 잘 싸웠다
온 국민이 당신들을 사랑한다.

감기·9

도주 끝에 드러나는 실체들
얼마나 악행을 저질렀기에
쏟아져 나오는 돈 가방

죽음 뒤에 터져 나오는 구린내 나는 말
진실은 어디서부터 시작되고 있을까

국민을 우롱하는 종교단체들
돈으로 치부하는 세상이 없어졌으면 좋겠다

종교인은 종교인답게 어진 세상 어루만지고
어두운 곳에 빛을 주는
그런 사람이 되었으면 좋겠다

사건이 터질 때마다 드러나는 실체
국민은 허기진 배를 채우려 몸부림치지만
희망 없는 나라로 치부하지 말자.

감기·10

국민을 사랑할 줄 모르는 사람
정치인이 되면 부귀영화를 누리는 곳일까
국민과한 약속은 험담처럼 지나가고
선거는 막말로 이북과 뭐가 다르겠나

그 사람들 막말도 잘하는데
검찰이 흔들면 와르르 돈뭉치
얄팍한 입씨름 하더니 결과는 패배

국민을 우습게 보는 정치인들
얄팍한 행동은 통하지 않는다는 것을
알게 한 보궐선거 결과였다

정치인은 각성해야 한다
지역을 돌보는 일꾼이 되지 않으면
국민의 소리를 피하지 못하니
소외된 이웃을 위해 일해 줬으면 좋겠다.

감기·11

나만의 소국을 만들고 싶다
부패되어 가는 언어를 이해하기 힘들어
세상을 등 돌리고 바라봐야 했다
경계를 늦추지 않고 사는 세상이 온다면
자연인이 될 것 같다
무인도 아닌 무인도에서
나만의 소국을 만들어 살고 싶다.

감기 · 12

이 사건은 여고괴담이었다
인간으로서 인륜마저 파괴당한 세상
인간이 아니라 마녀인 것 같다

그 와중에도 정을 나누고
본능과는 또 다른 가면을 쓴
양면을 보여준 그녀가 불쌍하다

치욕스럽기보다는 불쌍한 치부였다
정서가 메말라가는 이사회
언제쯤이나 넉넉한 가을 곡식처럼
풍요로운 세상에서
웃고 살날이 올까.

감기·13

가끔은 뉴스를 통해 얻어지고 버려진다
변질되어가는 세상이 두렵기까지 하다

성매매로 모두를 놀라게 한다
성장기가 중요하다는
가르침을 배우고 있다

한숨은 가슴이 철렁 내려앉는다
무슨 일이 숨겨진 이야기가 되어
돈으로 치부하는 인간의 도리를
처참하게 짓밟고 허기지게 한다

성스럽고 고귀한 것에
돈이 오가는 거래
반려동물만도 못한 세상이다
예방이 중요한 시기.

감기·14

허세로 살아가는 사람들이여 한 수 배워라
교황의 행보를 지켜보았느냐
우리가 헛살았음을 깨우치고 있도다

사랑 없는 경고음 들으며
높은 담장을 경계 삼아 살아가는
어둡고 그늘진 곳에서 외쳐보지만
듣는 이 없는 높은 울림뿐

교황이 준 용기와 희망의 교훈
잠시 쉬어가는 깨우침
중절모를 눌러쓴 따뜻한 사랑은
위대한 지도자로 남을 것이다.

감기·15

저들도 처음 만나 죽을 만큼 사랑했으리라
환경의 변화에 적응하면서
세상을 판단하기까지는 이해가 부족했다
눈먼 사랑으로 성스러운 밤을 보냈을 것이고
아름다운 설계로 꿈이 있었을 텐데
사회풍토가 만들어지는 지각 변질일까

뼈마디가 아픈 사람
가슴이 찢어지도록 아픈 사람
아픔을 어루만지고 대화가 필요한 시기
평등 없는 세상을 대화로 풀자
살인 사건으로 물들이지 말고
욕심 내려놓고 살았으면 좋겠다.

감기·16

끝내 세상과 타협 없는 강직함은
자신으로부터 보호받지 못하고
원수가 되어간다

원수는 이해부족으로
포악해지는 편견일 수도 있다

내 마음은
어느 부둣가 정박해있는 배처럼
항해사 없이 태풍을 헤쳐나가려 한다

무아지경에 빠져들고
도취에 갇혀 사회와 타협하지 못하고
자신의 마음은 썩어가고 있다.

감기·17

화마가 할퀴고 간 구룡마을 사람들
가슴을 쓸어내리는 소식이다
11월은 또 이렇게 저물어 가는데
민중의 목소리는 지워지고 있었다

뒤통수 한대 진하게 얻어맞은 것처럼
눈시울 적셔와 기억하게 할 것이다
잿더미가 된 뉴스로 고정하고 있었다

우린 험악한 세상에서 부화가 걸린 걸까
계속 들려오는 사망 소식이다
모두 잠시 정신 줄을 놔 버렸다

살아남기 위한 저항이라기보단
물질로 변질되어가는 사회 풍토가 무섭다
이 풍토는 정치인이 만들어 놓은 족쇄다
빈부 차이가 의식 수준을 따라가지 못하는
예고된 격동기다.

감기·18

열광의 한해도 저물어간다
끝내 민주주의 앞에서 무릎을 꿇었고
신드롬의 기대는 새해를 준비하는 과정이다

좋았던 기억은 담아놓고
나빴던 기억은 가슴에 묻고
새해를 준비했으면 한다

새해는 담뱃값 인상으로
서민들의 표정이 찌그러지고 있다
담배를 피우는 사람은 중산층이 되었다
서민들 스스로 담배를 끊어야 했다.

감기·19

12월을 보내려니 찡찡한 한해다
책 몇 권 출판하고
노래 몇 곡 만들고 나니
안녕이라는 글이 묻고 있었다

그 기억 속에는
몸살감기를 앓았고
인권마저 파괴되는 한해였다

복지정책 하나로 국민의 피를 빨아먹는
피라미드 정책은 모두를 서글프게 한다

백지장도 둘이 들어야 가볍다고 했거늘
정치인은 서민의 발자취를 짓밟고
허탈한 쓴웃음 뒤엔 담뱃값까지

내가 다시 태어난다면
살고 싶지 않은 나라 중 한나라이다
돈 앞에 무릎 꿇는 찡찡한 나라.

감기 · 20

가슴은 넓은 줄만 알았다
변함없이 파도를 이기며 달려온 세월
하얗게 부서지는 물보라를 바라보니
하얀 이빨 같은 사나움은
백사장에 오기 전에 소멸하였고
기약 없이 사라져 버렸다

저 짜디짠 물을 마시며
인생을 배웠고 지혜를 터득해 왔다
감성을 자극하는 인간이기에
침묵을 견디며 살아왔건만
남들은 마케팅 전략을 앞세워
존재부터 알리려 아우성이더라.

감기·21

고단한 계절을 지나 꽃피우는가 했더니
가슴에 습기가 떠나지 않는 소리에
산은 제 모습을 갖추기 전에
봄기운을 부르지 못한 채 봄을 맞이한다

사람들은 봄 여행을 취소하고
방콕하며 아침 햇살마저도 외면한 채
숙면의 시간으로 들어갔다

올봄은 세월호 때문에
쪽빛 하늘만 바라보며
그늘진 곳을 찾아 목소리를 낮추고
바람에 실려 오는 소식만 들으며
인간의 탐욕만 지켜본다.

감기·22

남종면에 가면 으름 꽃이 있다
야산 개울가로 불러드리고 있다

연보라 꽃을 하얀 글라스를 채워
만끽을 즐기는 도도한 체험이다

꽃향기가 가슴에 채워지는 동안
살짝 전해주는 진한 감동을 말로는
표현하기 어렵다

으름 꽃과 잘 어울리는 레몬향
가슴속이 향기롭다.

감기·23

봄은 먹구름을 동반해 전국을 강타했다
잊어선 안 될 희망의 리본은 물들었고
유행가처럼 전국을 휩쓰는 동안
슬픔을 함께 나누며 순교자가 되었다

여름이 길어질수록 눈가에 얼룩져
함께인 가족처럼 마음을 나누며
희망의 소식을 찾는
검색으로 소통하였다

봄비는 예고가 있었지만
기억해 달라는 희망의 비가 아닌가 싶다
가끔은 내리쬐는 그늘진 세월호 소식
인내를 비켜가진 못했다

교황이 우리에게 남긴 교훈은
모두를 용서하고 포용하라 했다.

감기·24

꽃을 사랑하는 세포가 따로 있을까
아마도 본능일 것 같다
얽히고 얽혀 사는 보호 본능의 꽃

지나는 사람에게 눈을 부르기도 하고
약초로 가슴을 흔들기도 한다지

꽃은 덖음으로 다시 태어나
마음을 흠뻑 적시며 인내하게 한다지

꽃은 인간의 마음을 흔들어 놓고
이별의 짧음을 아쉬워하며
사람의 마음을 멈추게 하는 본능이 있다.

감기·25

낮추라는 외침에 부끄러웠다
겉치레만 좋아하는 사회풍토
기도문을 내려놓으셨다

화려함 뒤엔 눈물이 있었고
고단한 삶이 지배하고 있었다

욕심으로 가득 채워진 사회풍토
자존심을 지키기 위한 몸부림
버리지 못하는 습관
낮추어 살기가 힘들어진다

화려함을 내려놓으면
고통에서 벗어 날 수 있으련만.

감기·26

문턱을 넘지 못하는 가을 마찰이
게릴라성 폭우로 놀라게 한 부산

태풍으로 조각난 해수욕장을 보여주더니
물에 떠내려가는 버스를 보여 주었다

준비 없는 폭우는 무서운 존재이다
자연 앞에 눈뜬 소경의 모습이다

비에 울고 인생에 웃는 철없는 인생
폭우에 가슴 울렁대며 조바심에 떤다
안전지대는 없다.

감기·27

진리는 내일의 오류가 될 수 있다
인간은 완벽주의를 원하지만
완벽은 없는 것이다

매시간 때마다 쏟아지는 사건
오류로 변명만 늘어놓는 사람들
스스로 깨우치게 한다

과학문명으로 가는 길은
수 없는 시행착오로 건조기를 맞으며
오류를 범하게 될 거로 본다
오류는 많은 생명을 위협한다는 것

소통을 통해 서로 관심을 두고
병들기 전에 치료해주는 구성원이 된다면
오류가 늘어나진 않겠다.

감기·28

생각에 따라 그리운 것은 문득 찾아온다
그리운 것을 도려내지 못하고
고요히 눈 속에 젖어드는 지문을
버리지 못한 채 잠 속으로 끌어들인다

꿈처럼 아름다운 구속은 없다
그 속엔 극과 희극이 오고가는 동안
인생은 파노라마 치고 간다

가슴에 꽃을 피우기까지
위태로운 길을 여러 번 걷고 나서
심오한 그림자가 다가올 때
늦지 않은 깨우침을 준다.

감기·29

발걸음은 바쁜데 입은 오픈예정이다
끝없는 꿈이 많았던 도시
발걸음과 몸은 연극 속 두 얼굴
누굴 원망하겠는가

뜨거운 열기까지 잊은 채
비둘기는 날아와
메마른 아스팔트를 쪼아대고
삶의 전쟁이라고 노래하는데
아름답게 보아야 하는 현실이다

가을 햇볕에 익어가는 곡식만큼
시름을 안고 장사하는 사람들도
나그네처럼 스쳐 지나지 말고
서로 주고받는
풍요로운 가을이 되었으면.

감기·30

쓸쓸한 가을 거리만큼이나
처연해지는 나이 탓만큼이나
가슴엔 멍울꽃 한송이 피었다

금지구역을 벗어난 위험한 길
곱게 물들지 못한 나뭇잎처럼
앙상한 가지에 매달려 비상을 꿈꾸는
수마가 핥고 간 부실한 나무였다

비상 없는 멍울꽃
그 그늘 속에서 벗어나
날갯짓을 한다.

3부. 북소리

불 꺼진 대화를 연장하면서
철 지난 계절을 비켜가지 못하고
목젖을 서걱거리게 한다

- 中 -

북소리·1

봄비가 빗줄기 사이로
마음을 불러들이고 있다

불 꺼진 대화를 연장하면서
철 지난 계절을 비켜가지 못하고
목젖을 서걱거리게 한다

눈에 보이지 않은 것들
길모퉁이에 남겨진
후회스러운 세월은
뻥 뚫린 개 짖는 소리로
골목을 더듬어 내려간다.

북소리·2

달이 기우는 날이면
우주 광야를 즐기는
기억의 소리를 미소로 건넨다

나른함이 흐르는 쓸쓸한 날엔
창문 열고 서성이는 버릇이
생겨난 것은 들리는 리듬에
귀를 기울였기 때문이다

대답 없는 그대 때문에
텃밭에 싹 틔우며 향수에 젖어
눈시울 적셔본다.

북소리·3

그대는 언젠가부터
머무는 사람이 되었습니다
인척이 하루만 안 들려도
가슴이 먹먹해집니다

세상은 가질 수 있는 것이 있고
가질 수 없는 것이 있듯
그대의 마음을 다 읽지 못해
서글픈 날이 많았지만
계절이 철들게 했던 것 같습니다

올여름은 유난히
그대 발자취가 그리운데
달랑 사진 한 장 보내놓고
그것을 바라보라 하면
야속한 사람입니다.

북소리·4

눈에 보이지 않는 종소리를 들었습니다
그 종소리는 가슴에 나부끼다
눈부신 날이라는 것을 알았을 땐
삐걱대는 발소리라는 것을 알았습니다

들꽃을 바라보았습니다
가기 싫어도 바라보지 않아도
내 마음이 그곳으로 가는 동안
눈부심을 알았습니다

이유가 있어 기다리다 보면
행복은 스스로 만들어진다는 것을
터득하고 나서 후회하지 않는
꿈을 꾸며 살아보려 합니다.

북소리·5

타종은 타인들의 종이 아니었습니다
내 가슴이 메말라 가면
때도 없이 들려주는 것이 타종소리였습니다

정열은 시름없이 찾아오는 것이 아니라
방향 없이 서성일 때 찾아오는 것입니다

눈앞에 계절 따라 피어나는 꽃처럼
예민하게 들려오면 한낮에
더위를 식혀주는 바람 소리뿐
지루한 골목엔 달빛이 찾아든다.

북소리·6

내 생에 행복했던 것은 편지였습니다
말로 표현하지 못하는 것을
책장에 가득 채워놓고
가슴이 시린 날엔 꺼내 봅니다

편지는 오랫동안 먼지가 쌓여
곡간 양식처럼 쌓여 있는 기간이
길면 길수록 족쇄를 채우고 있었습니다

인간은 속물입니다
많은 시간을 잠에서 깨우지 않고
책장에 가득 채워놓고
남의 삶을 엿보니
내 인생이 짓궂습니다.

북소리·7

가슴에 비수를 꽂는 악마의 편지를 보았다
문명을 거슬러 다니던 과도한 세상은
머리엔 썩은 재주로 부하가 걸려
사이코패스가 되어가고 있었다

사이코패스는
일시적 나타나는 현상이 아니라
부하가 걸리면 시동이 꺼질 때까지
생과 사를 넘어선 상태가 되어간다

가슴에 꽂힌 비수는 지워지지 않는다
남의 말을 진실처럼 말하지 않는
인터넷 문화가 된다면 좋겠다

인터넷은 악마가 되어가고 있었다.

북소리·8

사람들은 무관심에 익숙해져 버렸습니다
뒤돌아볼 줄도 모르고 이웃도 모르고
자기 그릇만큼 공과금을 걱정하며
살아가야 하는 시대가 우울하게 합니다

아무리 소리쳐도 들어주지 않는
서로 관심을 등지는 데는
오랜 세월이 걸리지 않았습니다

뉴스에선 사악한 소리만 연신 나와
듣기도 보기도 거북합니다
우리 모두 반성할 시간입니다.

북소리·9

얼마나 힘든 육신이던가
욕심을 끝없이 버리지 못하고
번뇌 속에 견뎌야 하는 속상한 일들

물질에 물들고
사욕에 흔들리니
판단이 흐려진 길목엔
분별없는 욕심이 가득하여
후회 같은 삶이 기다리는 것은
판단력이 흐렸기 때문이다

어머님으로부터 인내 나는 깨우침을
잊어선 안 된다
헛된 욕을 보여서도 안 된다

고단한 육신은 마음을 다스리고
더불어 살아갈 수 있는 의지가 생겨날 때
고단한 삶에서 승리하리다.

북소리·10

우린 정체성을 찾아 헤매고
토론의 정체성은 많은 것을 배우게 됩니다

혼자 생각하는 것과
질문과 대화는 창의력의 뒷받침 됩니다

TV는 판도라 상자라고 부릅니다
숨겨진 사실 아닌 사실에
지식을 얻어갑니다

우린 스스로 좋은 세상을 만들고
만끽하며 즐길 줄 아는 사람입니다.

북소리·11

바람을 안 좋아할 것 같은데
바람을 좋아한다

눈 하나 깜빡이지 않고
당연한 것처럼 받아 드린다

비유로 설명하고
은유로 태연해 한다

그 바람은 따뜻한 바람이 아니다
스쳐 가는 텅 빈 바람이다

거센 바람은 멈추지 않고
가슴을 엿보고 지나간다.

북소리·12

거짓말은 암과 같은 존재이다
암은 수술로 잘라내고
치료하면 낫지만
거짓말의 암 존재는
태워도 태워지지 않는다

인터넷 문화는 숨겨진 암 덩어리다
과학은 시행착오를 낳고
인간은 장애를 낳는다

우린 암 존재를 키우고 있다
거짓말은 독버섯처럼 자라나
들으면 중독되어 벗어나지 못한다
캠페인 부족으로 암을 키우고 있다.

북소리·13

내 인생을 가늠할 수가 없었다
한 치 앞도 가늠할 수 없었다
마지막 생의 기준치를 설정해보고
인생을 재편성도 해본다

성향이 다르다 보니 이해하기 힘들고
청결함을 유지 보수하는 것도
맞는지 안 맞는지 가늠하기 힘들다

저울에 인생을 올려놓고
저울질할 수도 없어
갈 수 없는 길을 하염없이 바라보며
나이 탓만 하고 있다.

북소리·14

당신이 있어 내 마음은 가을이었다
가끔은 가슴에 멍드는 소리도 들렸지만
바람처럼 사라지는 날이 많았다

수마가 가는 동안 아팠던 날들
가을 곡식이 익어가는 동안
농부의 마음을 닮아 갈 수 있을까

언제나 바람을 피해
저 언덕에서 웃음을 잃지 않고
내가 사는 뜰에 풍년이 올까.

북소리·15

외로움은 사치가 아니다
자신과 타협을 할 줄 알아야
외로움에서 벗어 날 수 있다

독선은 외로움을 키웠다
칼로 베어내듯 자르는 것도
자신을 외롭게 만드는 일이다

음식을 만들 때
양념이 잘 들어가야 맛이 나듯
인생사도 잘 안아 주고
타협할 줄 알아야 한다.

북소리·16

잘 흐르던 물이 어느 계곡에 갇혀
여울목이 되었다
내 안에 세월이었다

바람이 불면 풍랑을 맞고
비가 오면 마음을 위로해 주었는데
눈이 오면 하얗게 덮어버린 세상을
만들려고 의지하며 살았다

여울목 안에 생기가 넘쳐나
지저귀는 새소리에 장단 맞춰 춤추며
졸졸졸 흐르는 강 사이로
가을 정취에 마냥 갇히고 싶다.

북소리·17

그는 나를 위해 기도한 사람입니다
그 소리를 들을 순 없지만
마음의 소리는 들을 수 있었습니다

사람들은 누구나 환경에 따라
기도를 많이 하게 됩니다

아프게 하지 말라고
사업 성공하게 해달라고
수험생 시험 잘 보게 해달라고
기도를 하게 됩니다

나도 기도를 합니다.

북소리·18

난 나를 위해 시를 썼습니다
짜증이 나는 세상 위로받기 위해
글을 쓰는 위선자입니다

아침이면 만물이 회동하듯
꿈은 시작되는데
희망이 없는 사람에겐
아침이 싫어집니다

어둠을 공포처럼 마시며
나쁜 생각을 낳으며
미련을 버리고 싶은 나날들
산다는 것 힘겨운 연장선입니다.

북소리·19

내 마음은 샘물처럼 솟아났습니다
흘려보내도 마르지 않는 샘물
흘려보내면 얼마나 아플까

넓은 바다로 떠나보내고 싶지만
태풍 속에서
얼마나 견디며 살 수 있을까
염려됩니다

잔잔히 솟아나는 샘물이
좋을 때가 있습니다
신선함이 살아있는
일급수의 마음입니다.

북소리·20

이런 가을날이면
이런 친구가 있었으면 좋겠습니다
소박하지만 서로 지나온 얘기를 나누며
허탈하게 웃을 수 있는 그런 친구와
삶이 그렇게 소중했는지 깨닫고 싶습니다

가끔은 지워지지 않는 친구가 있습니다
어린 시절 소꿉친구가 떠오르고 나면
만나기가 두려운 것은 그 꿈이 깨질까
두려운 대상입니다

잊히지 않는 친구가 있다는 것은
살맛이 나는 세상입니다
언젠간 소중한 친구를 찾아 나설 것입니다
나이 한 살 더 먹기 전에
치매가 오기 전에 찾아 나설 것입니다.

북소리·21

무엇을 소유해야 성취감을 느낄까
세상을 안다면 소유할 수 있을 것이다

소유하지 못하는 소유
알레르기에서 벗어 날순 없지만
마음을 비우지 못해 몸살이 난다

가까이 가면 좋아지는 사람
바라만 봐도 좋다

내 인생은 소나비가 종종 내리지만
그 소낙비가 싫지는 않다.

북소리·22

세상은 조화가 필요한 것 같다
때론 생화가 없으면
조화가 필요할 때가 있다

인생이 뜻대로만 된다면
조화가 필요 없겠지만
인생은 생화와 조화가 필요하다

정원에 꽃이 피지 않을 땐
조화라도 심어 물주며 가꾸고 싶다

심란한 세상
그려놓은 조화를 바라보며
허탈하게 웃어보자.

북소리·23

바람이 왔다 가는 동안
계절의 달콤함을 느꼈다
우주는 무의식 사회를 만들었고
배워도 끝이 보이지 않는 것이
인생의 진리이다

어느 가을날 놓고 간 그리움
가슴보다 큰 덩이
쓸어내도 쓸리지 않는
쓸쓸한 거울 같은 거리

얼마나 아팠던 시간이었던가
이별을 이유 없이 해야만 했던 시간
기억은 약속한 만큼 서성인다.

북소리·24

갈잎은 곱다고만 생각했습니다
붉게 물들어 예쁜 줄만 알았습니다

추락하는 시간은 짧았습니다
버려지는 시간도 짧았습니다

바스락 으스러지는 소리는
내 가슴을 찢고 지나가는 시간
어울리지 않게 슬픔을 남겨놓고 갑니다

우리네 인생이 뭐가 다를까요
바람에 떨어져 소멸하는 추한 인생
한 줌의 재가 될 것을.

북소리·25

내 마음 붉게 치장하고
휑하게 불어오는 건 차가운 바람뿐
너의 마음은 없더라

마음이 오는 동안
붉게 치장도 몇 번을 했건만
아랑곳하지 않고
바스락 소리만 내고 가더라

가을이 붉게 물들어도
내 마음 몰라주는 사람
약속한 사람이더라

그리움도 여러해 쌓였는데
그리움이라는 것을 모른 채
눈 비비고 가더라.

북소리·26

전류가 와르르 쏟아지는 문턱에서
아득한 현기증이 일어나고 있었다
세월은 화려한 만큼 아픔이었다

수평선 끝이 보이지 않듯
아득한 고독은
울렁증보다 독한 것이더라

마음의 소리가
바람만 와르르
가슴에 쏟아놓고 가더라.

북소리·27

기쁨의 시간보다
슬픔의 시간은 길기만하다

가슴에 잔잔한 파도가 있음을 알았다
적은 비에도 작은 바람에도 흔들리는
그런 마음인 줄은 몰랐다

그리움은 멀리 벗어나지 못하고
가까운 곳에서 기억을 지배하고 있었다
이런 날이면 어디론가 떠나고 싶다

콘크리트 벽을 친구 삼아
넓은 바다로 착각하고
정신을 가다듬고 나면
감기는 시작되고 있었다.

북소리·28

아무리 좋은 길로 가려 해도
멀리 보이는 높은 파도
수시로 거칠게 파도치면
깊게 빠져든다

세상을 얕봐선 안 된다
깊이 빠져들수록 빠져나오지 못하고
스스로 포기하기 때문이다

밀려왔다 밀려가는 안뜸 구역
가까운 것을 가까이서 봐야
자신을 깨우친다.

북소리·29

저 넓은 바다를 보았다
자연의 이치에 따라 잔잔함도 있고
큰 파도도 있다

물이 없다면 생명체가 살 수 없듯
인간의 연결 고리도 끊을 수 없는
인연의 끈이 있다

인연은 기나긴 썰물과 같다
인생도 밀려왔다 밀려가는 것을

술기운에 마비되어 허기짐을 알았다
내 인생은 휴먼다큐.

북소리·30

미처 가져보지 못한 곳이 있습니다
비가 오면 비도 맞아보고
눈이 오면 눈도 맞아 봤는데
미처 가져보지 못한 곳이 있습니다

먹고 싶으면 먹고
여행하고 싶으면 여행해도
가져보지 못한 곳이 있습니다

서성이는 그 마음
야속함에 밀물처럼 밀려왔다 가면
그만 이었습니다.

북소리·31

얼마나 더 아파야 할까
얼마나 더 견뎌야
아픈 삶이 아닐까

눈보라를 이겨내며 살아온 날들
가슴이 여러 번 시릴 때면
나를 잡은 세월이 약속했다

아픈 시간에 얽매여
단내 나는 세월의 걸음은
늘, 천근만근.

북소리·32

가을이 왔다 가는 시간은 짧았다
화려했던 시간 탓일까
가지 끝에 매달린 청춘을 바라보며
자신도 모르게 쓸쓸함이 다가온다

밟으면 바스락대던 소리도
좋게만 들렸는데
나이 탓일까
추억의 안부가 그리워진다

내 인생도 별거 아니었다
떠나는 낙엽만도 못하단 말인가
겨울은 또 다른 계절을 부른다.

4부. 동행

보이지 않는 모니터 바라보니 해탈하다
신분은 정해져 있고 갈 길도 정해져 있었다
– 中 –

동행·1

-좋은 친구-

보이지 않는 모니터 바라보니 해탈하다
신분은 정해져 있고 갈 길도 정해져 있었다

주둥이 옆으로 빠져나오는 새삼스러운 말은
우아해 보이기까지 고민 없는 시선을 빌려준다

좋은 친구를 만나러 오는 길엔 돈이 필요 없고
번뜩이는 기운마저 버릇이 되어간다

창에 보이지 않는 분은 외출 중
익숙한 느낌은 달이 떴다 지는 동안
아침이 버려졌다.

동행·2

-봄비가 내리던 날-

나에게도 봄이란 단어가 존재했었나
숱하게 다녀간 봄비에도 몰랐는데
언젠가부터 가슴에 따뜻한 바람이 붙었다

알 수 없는 들꽃들이 바람에 흔들리면
참담한 기억 속엔 존재의식들로 가득했었다

봄비가 쏟아진 숲의 움트는 소리로
비워진 머릿속은 봄꽃이 가득 핀다

순백의 결정체로 풍경이 열리면
꼭 쥐고 있던 겨울도 봄 행렬에 밀려
봄비의 위력 앞에 새들만 총총 뛰는데
창가에 얼룩진 마음만 씻어낸다.

동행·3

-연안부두 방귀 소리-

냄새로 기를 모아 끌어들이고 있었다
뱃속이 풍요롭다더니 생일이다

영양보충을 한 만큼 마음가짐은 커지고
글을 쓰려면 체력이 보강되어야 한다
수만 번 우주를 이탈해 보고
지구를 들었다 놨다 해봐야 하니 말이다

소래산을 보니 봄은 반나절로 앞당겨왔고
연안부두 방귀 소리에 겨울은 움츠러들고
유수는 낡은 그림에 불과하다

기억 속에 안아주던 이는 저 넓은 바다
저 앞바다에는 가슴을 톡 쏘는 사이다가 있을까.

동행·4

-봄비는 사연을 만든다-

봄비는 사연을 만들 때 부른다
겨우내 기다렸던 아픔을 토해내듯
이유 있어 왔다 이유 없이 간다

사연은 시간적으로 오지만
만든 세월은 지워지지 않아
허공에 공허를 느끼며 기다린다

봄을 기다리는 것은 전설이다
글 바탕에 화려하게 수놓았던 꽃
익숙한 향기가 솔솔 풍긴다

봄비가 내려서 그런가
시야에 와르르 내리고 있다
봄이.

동행·5

-그 꿈을 이뤄야 한다-

내 마음 봄이 오기 전에 황사에 갇히나
메마른 대지가 너무 오랫동안 먼지가 쌓이고
겨울을 벗어나는 길이 길다

문학의 꿈은 험난한 길이라는 것
우주를 그린 시인은 글을 남겼지만
이미지를 그리는 시인은 선회하며
부서진 영상에 매달려 조립도 못 하고 있다

뼈마디에 배어있는 향을 느끼며
영혼은 인입될 것이다
시인의 인생은 이미지화될 것이다

보물 같은 시간을 열어 보고 싶다
시의 희극은 어디에서 멈출까
길이 너무 멀다.

동행·6

-3월에 움직이는 마음-

꽃이 피기 전에 고장 나는 줄만 알았다
꽃이 피기 전에 몸살 나는 줄은 몰랐다

봄으로 가는 길은 여운보다 더 길었다
남쪽에는 발걸음이 살랑살랑 춤추는데
겨울바람은 허리를 잡고 놔주질 않는다

온몸은 겨울바람에 벗어나지 못한 채
봄을 노래하며 시름시름 중얼중얼 댄다

타임머신 같은 꽃의 존재
만개를 기다리며 렌즈를 닦고 있다.

동행·7

—만찬을 준비하며—

꽃을 맞으려 만찬을 준비한다
손에는 카메라 눈에는 기억장치
청각까지 동원해 자태를 불러 들린다

꽃에 안부를 물으며
마음 하나 기부하고 싶었건만
꽃샘추위는 내 마음을 자초하고
숲 속에서 들렸나 천상에서 들렸나
쩍쩍 소리가 심상치 않았다

애마부인처럼 푸른 초원을 달리며
오케스트라 연주가 펼쳐지는 노을에 갇혀
힘차게 질주하고 싶은 날이 다가온다

서쪽 하늘에 붉은 영역이 좁아지고
만찬의 준비도 하나씩 줄어들고 있었다
밤마다 꿈속에 돋아나 있는 별들을 바라보며.

동행·8

—기다리지 않아도 봄은 온다—

사진 속엔 삶의 끈이 전설을 만들고
유서 같은 날이 판화 되어있다

사진 속엔 시간이 간직되어 있고
시대적 요소들은 원동력이 되어있다

사진 속엔 디엔에이가 숨어 있듯
인간의 모태를 연결하고 보존하며
소리를 입체로 메모하고 저장한다

삶은 요소가 서로를 이해하며
인간적인 가치를 논하며
또 봄기운을 불러들이고 있다.

동행·9

-꽃샘추위-

꽃샘바람은 반짝반짝 빛나고 있었다
멀리서 가까이서 와글와글 쏟아져
대지를 체온처럼 데우려 하지만
앙탈만 부리는 바람의 속내이다

따뜻한 말을 건네도 꺾이지 않는 찬바람
봄을 노래하는 입김에 얼마나 버티겠니
개구리 하품에 대동강이 녹고
산천초목에 봄기운을 충분히 채워주니
눈 호강도 얼마 남지 않았으리
아, 그리운 봄의 남쪽체온.

동행·10

–동방의 꽃 평창이여–

평창은 태극을 기승 받은 동방의 꽃입니다
젊음의 기상을 높이고 눈빛으로 말을 건네며
아름다운 이 땅에 이름 하나 곁들어 놓아도
환영받을만한 일은 평창에 왔기 때문입니다

당신의 아픔을 이곳에 묻어놓고 힘듦도 기쁨도
그 순간을 기억하며 우리는 하나 되어 나누자
사람들은 나에게 건넨 건 없지만 우정을 주었고
4년이란 시간을 주었기에 평창의 부름을 받았지

기억하소서 동방의 꽃 코리아 평창이여
하나가 된 온 겨레 태극 물결을 기억하소서
이 강산을 건너다보며 바람 편에 안부를 물으며
우리 기억해요 코리아 평창의 기상을.

동행·11

-백열화[白熱化]-

당신은 내 마음의 꽃이고 싶다
봄에 피는 꽃보다 향기로운 꽃
자연의 숨결보다 더 깊은 경지의 소리
바람에 흔들리지 않는 지주이고 싶다

햇볕에 녹아 그려놓은 사금파리 길
비바람에 질퍽이지 않는 그 길에
발걸음이 고단한 풍경을 돌아보니
추억을 불러놓고 흔들어 깨운다

그 시간에 멈춰버린 꽃
내 가슴에 시들지 않는 백열화[白熱化].

동행·12

-속도 조절-

인생은 속도 조절이 필요하다
내 마음을 디자인해 주고 가꾸어주는
생활 방식이 하루를 숨차게 한다

오늘은 눈으로 따왔다
열대야로 곧 이별을 알면서도
가슴에 가득 담아왔다

꽃향기가 사무치게 그리웠던 시간
겨우내 목말랐던 봄 이야기
벌과 나비는 좋아라
꽃을 찾아 날고 있다

아, 봄은 또 이렇게 왔다 가는가
안갯속에 나부끼다 남겨진 흔적
강물은 봄을 안고 흐르는데
먼발치에서 호강시켜 주는 봄.

동행·13

-편견-

편견을 버릴 수 없을까
신발이 닳아지는 동안
신기루는 사라지고 말았다

편견은 꽃이 꽃처럼 보이질 않아
독방에 무릎을 꿇고 속죄도 물었다

온갖 비유로 물들어가는 가을
헛꽃을 피우다 시들어 온다

편견으로 얼룩진 누더기
꽃무늬 꿰매며
콘크리트 벽에 갇혀 살다 보면
내 마음도 콘크리트가 되더라.

동행·14

—불면증—

주말만 되면 가슴에 장전된다
숨을 쉬어야 다음이 있는데
숨을 쉴 수 없어 내일이 불투명하다

장전은 가슴을 메아리쳤다
주말은 일회용처럼 버려졌고
개별적인 시어들로
저기압만 써내려갔다

산다는 것은 욕구에 불과하다
가끔 찾아오는 불면증에
내 심장이 멈추는 것을
느끼며 이해하고 있었다.

동행·15

-허공-

계단의 끝은 아련한 곳이다

나이 탓일까
계단을 자주 오르지 못하자
동구 밖 솟대가 되어간다

계단에는 또 다른 발자국
꽃이 지지 않는 천국의 계단이다

허공에 매달린 바람 한 점은
입김에 매달려
뭐라고 대답했을까.

동행·16

—행복—

계절은 꽃을 낳고
과일은 손길에 따라 잘 여물고
사람은 사랑이 닿을수록
행복해진다

뭐가 그렇게 갖고 싶단 말인가
허기진 배를 다이어트로 다스리고
온기를 나눔으로 나누다 보면
행복을 나누는 전도사가 될 텐데

행복한 인생과
고독한 인생은
마음의 온도차이다.

동행·17

-꿈속의 문-

문소리 쓸쓸한 독백이다
밤이면 꿈속에서나 들리는 소리
똑바로 눕지도 못하고
누군가 흐린 골목을 걷는 인기척에
계절을 도둑맞고
밤을 이해 못 한 해도 여러 해
문소리는 귓가에 멈춘다
한 번도 존재해본 일이 없는
문소리를 기다리고 있을까
너무 높아 넘어가지 못하는
꿈속의 문.

동행·18

-빗소리-

빈곤한 마음 감춰버린
쓸쓸함만이 하염없이 내린다

막걸리 한잔에
짜릿한 빈속을 지나가는 인생이
부서져 내릴 때
기억은 돌아오지 않는다

기억을 부르는 빗소리는
빈곤을 흘러내리지도 못하고
어느 때인가부터
쓸쓸한 친구가 되어간다.

동행·19

-군중의 소리-

올해는 소음이 많았던 한해였다
정도에 따라 소음소리는 달라지겠지만
눈이 시리고 가슴을 도려내는 소음들로
진통제 가게만 북적거렸다

사방이 뚫린 확성기 소리는
잠을 설치게 했고
익숙해 버린 확성기 소리는
군인도 학생도 아닌 군중의 소리였다

시대적 배경이 되어가는 지금
창문 불이 시들어가고
여운이 가시기 전의 골목은
개 짖는 소리만 들리고
군중의 소음을 어찌할 수 있을까.

동행·20

-정류장-

버스 한 대 두 대 지날 때마다
그리움은 내리지 않고
약속은 없어도 누군가 기다려진다

무심히 승객들 모습을 바라보며
이브의 빛깔로 젖어드는 노을은
기다려 주지 않았다

초라한 모습 뒤엔
무거운 발걸음이 인생사를 논하며
하루를 정거장에 남겨 놓는다.

이안류

인　쇄 : 초판인쇄 2015년 05월 20일
인　쇄 : 초판발행 2015년 05월 25일
지은이 : 윤기영
펴낸이 : 윤기영
편집장 : 정설연
펴낸곳 : 노트북 출판사
등　록 : 제 305-2012-000048호
본　사 : 동대문구 사가정로 265-4번지 나동 B101호
전　화 : 070-8887-8233 팩시밀리 : 02-844-5756
이메일 : hdpoem55@hanmail.net

2015 & 윤기영 일곱 번째 詩集

정　가 : 10.000원
ISBN : 978-92687-53-9-03810

한국 현대시[韓國現代詩]

811.7-KDC6
895.715-DDC23　CIP2015010681